Artur Baku

Rapsodie Urbane

Artur Baku

Rapsodie Urbane

Poesie

JustFiction Edition

Publisher:
JustFiction! Edition
is a trademark of
International Book Market Service Ltd., member of OmniScriptum Publishing Group
17 Meldrum Street, Beau Bassin 71504, Mauritius

Printed at: see last page
ISBN: 978-620-0-10624-7

Artur BAKU

E' nato a Scutari nel maggio del 1973. Ha seguito le scuole superiori presso il Liceo Scientifico "Jordan Misja" nella sua citta'. Ha seguito gli studi universitari presso l'Universita' di Scutari "Luigj Gurakuqi" conseguendo la laurea in giurisprudenza. Ha proseguito i suoi studi postuniversitari, ottenendo il diploma di master nella facolta' di Giurisprudenza, nell'Universita' di Tirana ottenendo il titolo "Master in scienze giuridico – civili".

Nel 2005, si iscrive all'Albo degli avvocati. Ha lavorato nell'amministrazione pubblica a livello locale e nazionale, come il Municipio di Scutari, il Ministero della Giustizia, Il Ministero per l'Integrazione Europea, il Parlamento d'Albania coprendo il ruolo di consigliere per il monitoraggio delle istituzioni indipendenti. Attualmente e' stato eletto membro della Commissione Esterna per la valutazione dell'Integrita' delle autorita' della polizia nel quadro della riforma della giustizia attualmente in processo in Albania.

Artur, oltre alla sua carriera accademica e professionale, nei primi anni novanta e' stato uno degli esponenti attivi per la caduta del regime, contribuendo attivamente all'installazione del multipartitismo nel paese.

E' un sostenitore convinto del regime democratico e dei processi democratici nel suo paese.

E' autore di diversi articoli nei quotidiani.

1

Rapsodie urbane

- Poesie -

E kuqe e athët	Rosso aspro
Fëmijët mblidhnin shegë të egra rrëzë mureve të kalasë shkodrane, të athëta si historitë e mbretërve ilirë, poshtë Drini qëronte lëmashkun e shekujve mbi shtratin e vet, legjendat fluturonin si luspa peshqish, përziheshin me të kuqen e athët të shegëve të egra tutje mbi telajon e ngrirë të qytetit.	I bambini raccoglievano melograni selvatici Ai piedi della muraglia del castello scodriense Aspre come le gesta dei re illirici Sotto, il Drina scrostava il muschio Dei secoli sul suo letto Le leggende volavano come squame di pesce Mescolate al rosso aspro dei melograni selvatici Piu' in la' sulla tela ghiacciata della citta'.
Urbi et orbi	**Urbi et orbi**
Dola nga qyteti të takohesha me botën, udha ish e pafund, nuk dija ku mbaronte qyteti dhe ku fillonte bota. Dola nga vetja të takohesha me universin, udha ish veç një pikë, nuk dija ku mbaronin yjet dhe ku filloje ti. Dola nga kjo poezi të takohesha me njerëzit, udhën s'e gjeta dot, të gjitha udhët me çonin tek ti.	Uscii dalla citta'; Per incontrarmi col mondo Il cammino era infinito Non sapevo dove terminava la citta' E dove iniziava il mondo Uscii da me stesso Per incontrarmi coll'universo, Il cammino era un punto, Non sapevo dove finivano le stelle E dove comminciavi tu. Usci da questa poesia Per incontrarmi con la gente, Il cammino non riuscii a trovare, tutte le strade portavano verso di te.

Olimpi i ri	Il nuovo Olimpo
Në Olimpin e vjetër, zotat kishin harruar se njerëzit atje poshtë qenë dënuar me vdekje e me dashuri.	Nell'antico Olimpo Gli dei si dimenticarono Che la gente laggiu' Era condannata a morire e ad amare,
Apoloni s'mund të lëshonte shigjeta përjetësie mbi vdekatarët, Afërdita s'mund të zhbënte me dekrete hyjnore dashuritë e vdekatarëve.	Appollo non poteva lanciare Freccie d'infinito su quei mortali, Affrodite non poteva disdire con decreti Divini gli amori mortali
Në Olimpin e ri zotat u kujtuan një ditë se njerëzit atje poshtë qenë dënuar me përjetësi e me harresë. hyjnitë s'ua ndalnin dot amshimin bijve të harresës.	Nel nuovo Olimpo Gli dei si ricordarono che un giorno la gente laggiu' Furono condannati in eterno nell'oblio. Gli dei non potevano fermare l'eterno ai figli dell'oblio.
Çast	**Istante**
Do ta lidhim fjongo këtë çast dhe do ta lëshojmë lart si një balonë pranverore në duar të bardha fëmijësh.	Lo leghiamo a fiocco Questo istante, E lo lanceremo in alto, Come un aquilone primaverile Nelle mani candide dei bambini.
Mbase një ditë vetiu nga shpirtrat e erës ose reve do zgjidhet dhe do rrëzohet në kraterin e një muzgu blu kobalt.	Forse un giorno da se Dagli spiriti del vento O delle nubi si scogliera' E cadra sul cratere Di un tramonto blu cobalto
Aty ku çastet fermentohen me lavën e nxehtë të kohës dhe kthehen në fosile kozmike.	Laddove gl'istanti fermentano Nella lava calda del tempo E ritornano in fossili cosmici.

Në ag	All'alba
Në ag m'u shfaq imazhi yt prej Venusi tek përshkonte diskun diellor dhe përhumbej me rrezet e ditës së re. Bota bëri rrotullimin e plotë rreth boshtit të vet, ndërsa unë timin rreth imazhit tënd prej Venusi. Në fund të ditës m'u shfaq prapë imazhi yt, ndërsa unë ngjitesha në malin Sion.	All'alba apparve la tua immagine Venerea Mentre percorreva il disco solare E svaniva nei raggi del nuovo giorno. Il mondo fece la rotazione piena intorno al suo asse, Mentre io il mio intorno alla tua immagine di Venere. Alla fine del giorno m'apparve ancora la tua immagine, Mentre io salivo il monte Sion
Vetmi Nëpër natë treten siluetat tona prej mjegulle tutje një pylli të paanë, si ky planet rrugicave të universit në një natë pa hanë. Askush nuk e di se cila është vetmia më e madhe: ajo e dy siluetave njerëzore mbi botë apo ajo e botës në univers.	**La solitudine** Nella notte svaniscono le nostre scie di nebbia la nel bosco senza parte come questo pianeta nelle calli dell'univesro in una notte senza luna nessuno sa qual'e' la solitudine piu' grande quella delle due scie umane sopra il mondo oppure quella del mondo nell'univesro
Fotone drite Në fillim ishte terrnajë, pastaj Zoti urdhëroi: "Le të bëhet dritë!" Mes turravrapit të miliarda fotoneve vraponte dhe drita e syve tu. Dhe dritë u bë.	**Fotoni di luce** In principio ci furono le tenebre Poi Dio disse: "Sia la luce" Nel mezzo del rincorrere Di miliardi di fotoni Correva la luce degl'occhi tuoi E luce fu.

Rrugëtim Në barka prej letre shkruaj, u kërkoj falje udhëve që kurrë s'i mora. Pluskojnë lutjet e mia në cepa barkash prej letre si Uliks pa Itakë. Në harta të pluhurosura lidh me vizore fatesh qytete, porte, copëza poezie të pazbuluara me ishuj fjalësh. Në navigator dixhital kërkoj adresën e një rrugice ku puthja e fundit është dhënë nën aromën e jargavanëve varur një avullie shekullore.	**Viaggio** In una barca di carta scrivo, Domando perdono ai viaggi mai intrapresi Galleggiano le mie preghiere su angoli di barca di carta Come Ulisse senza Itaca. Sulle mappe polverose leggo destini con la riga Citta', porti, pezzi di poesia mai scritte da isole di parole, Nel navigatore digitale cerco un indirizzo di una contrada Dove l'ultimo bacio fu dato sotto il profumo dei glicini Grondanti sui muri secolari
Aty ku dita abdikon Aty ku dita abdikon, saora më mbështjellin krahët e natës. Një karvan yjesh ka miliarda vjet që udhëton brenda meje për të më treguar se nata është një krijesë e përkohshme kozmike.	**La dove il giorno abdica** La dove il giorno abdica Nell'istante mi avvolgono le tue braccia Una carovana di stelle di miliardi di anni Che viaggia dentro di me Per raccontare che la notte E' una creatura Cosmica temporanea
Përkulen largësitë Përkulen largësitë nga pesha e mungesës. Gjeometria e mallit - dy pika qiell.	**Si piegano le distanze** Si piegano le distanze Dal peso dell'assenza La geometria della nostalgia – due gocce nel cielo

Kënd informativ	Angolo d'informazione
Çfarë do më shkruash sonte me shkronjat apokrife të heshtjes? Prapë poezi?! Po unë kam kohë që nuk lexoj poezi, lexoj vetëm gazeta, shoh vetëm lajme. E di: jam pak demode në një vend ku të gjithë lexojnë poezi dhe askush nuk lexon lajme. Dje askush nuk e lexoi kryelajmin e ditës: "Aluvionet e syve të tu kanë përmbysur periferinë e qytetit N." Si nuk ka një reporter për këto kronika? Të gjithë shkruajnë poezi, akush nuk lexon lajme. Edhe sot askush nuk e lexoi kryelajmin e ditës: "INUK prish ndërtimet pa leje që rrethonin kopshtet e syve të tu." Prapë poezi?! Për yje, hënë, ndarje, bashkime.. Më fal, nuk kam kohë, është e martë sot, dita e informacionit politik. Kryelajmi i ditës: "Reforma në drejtësi nuk kalon pa konsensusin e syve të tu."	Cosa mi scriverai stasera Con lettere apocrife del silenzio? Ancora poesie?! Io non ho tempo per leggere poesie, Leggo solo giornali, guardo solo telegiornali. Lo so, sono un po' fuori moda In un luogo ove tutti leggono poesie E nessuno legge i giornali. Ieri nessuno lesse la notizia principale "le aluvioni dei tuoi occhi hanno innondato La periferia della citta' N." Perche' non c'e' un reporter per queste croniche? Tutti scrivono poesie, nessuno legge giornali. Pure oggi nessuno lesse la notizia del giorno: "INUK distrugge le costruzioni abusive Che circondavano i giardini degl'occhi tuoi." Ancora poesia? ! di stelle, della luna, separazioni, unioni Scusami, non ho tempo, oggi e' martedi, Il giorno dell'informazione politica La notizia del giono: La riforma della giustizia non passa senza il consenso degl'occhi tuoi."[1]

---

[1] La poesia collega tempi storici diversi, il periodo del communismo e l'attualita'. L'Angolo informativo era un cornice nelle istituzioni pubbliche dove era solito mettere in evidenza la propaganda del partitto comunista. In tutte le istituzioni pubbliche, il martedi era dedicato alla cosidetta informazione politica, dove ognuno doveva portare per iscritto una notizia della settimana precedente in modo da informare I colleghi sulla propaganda del governo. INUK e' un corpo di polizia che si occupa del monitoraggio delle costruzioni abusive nel territorio, un fenomeno perpetrato negli anni della cosidetta democrazia transitoria. Questo fenomeno e' dovuto al caos demografico avvenuto dopo gli spostamenti della popolazione Albanese all'interno del territorio dello stato.

Harqet e natës	**Gli archi della notte**
Harqet e natës tendosen nga pesha e mungesës sate. Një heshtje e ftohtë përshkon parzmoret e qelizave tona, dhe thërrmohet tutje kështjellave të kohës kozmike.	Gli archi della notte Si caricano dal peso Della tua assenza Un silenzio gelido Perfora gli scudi Delle nostre cellule E si sgretola oltre i castelli Del tempo cosmico
Bekim	**Benedizione**
Më ndjekin heshtjet si mallkime orakujsh. Bekuar qoftë akustika e syve të t'u, që largon heshtjet ulëritëse.	Mi perseguitano i silenzi Come maledizioni di oracoli. Benedetto sia l'acustica Dei tuoi occhi, che allontana Il silenzio dell'urlo.
Një ditë	**Un giorno**
Një ditë do më pyesësh për ngjyrat,	Un giorno mi chiederai dei colori
por unë nuk kam për t'u përgjigjur.	ma io non avro' una risposta
Ti e di: mermeret e bardha të fytyrës sate kanë ngjyra **"Iliadash" të pakëndueme, që unë s'i kam lexuar ende.**	tu sai i marmi bianchi del tuo viso hanno colori **di "illiadi" non cantate che io non ho ancora letto**

Orëve të vona	Tarda sera
Fikesh nga frymët e orëve të vona si flakë yjesh mbi altarin e universit	Ti spegni dai respiri Della tarda sera Come fiamma di stelle Sull'altare dell'universo.
Terrinë	**Buoi**
Përplasen shirat në tamburin e natës si trena të dalë binarësh. Mbi xhama dëgjohet filarmonia e shirave dhe kuja e një hënë të ngujuar resh. Edhe sonte pellgjet e qiellit u mbushën me kujë hëne dhe melodi shirash. Terrinë! Asnjë yll nuk më tregon udhën për te hëna.	Si scontrano le pioggie Nei tamburi della notte Come treni fuori dai binari Sui vetri si sente La filarmonia della pioggia E l'urlo di una luna reclusa dalle nubi. Anche stasera le pozzanghere del cielo Si riempirono dell'urlo della luna E delle melodie piovane. Buio! Nessuna stella mi mostra La strada verso la luna
Deflacion	**Deflazione**
Në këtë qytet vitrinat e dyqaneve janë të mbushura me stoqe legjendash firmato dhe puthje deri në 70 për qind zbritje. Sa keq që deflacioni ka goditur fuqinë blerëse!	In questa citta' Le vitrine dei negozi Sono piene Di mucchi di leggende Firmate e di baci Fino a 70 per cento di sconti. Peccato che la deflazione Ha colpito il potere d'acquisto!
Stinë "Iliade"	**Stagione d' "Illiade"**
Edhe këtë pranverë Troja u rrëzua po ashtu nga një përbindësh i drunjtë. Agamemnoni nxitoi për një selfie mbi gërmadha,	Anche questa primavera Troia cadde di nuovo Da un mostro di legno. Agamennone si affretto' per un selfie tra le rovine Achille come trofeo il cadaveri

Akili si trofe kufomën e Hektorit hodhi në instagram. Menelau u martua përsëri me të njëjtën grua, diku brigjeve të Egjeut, gjithçka përfundoi si në një film hollivudian me *Happy End.* Çuditërisht, asnjë Homer nuk u ankua për të drejtën e autorit.	di Ettore pubblica su instagram. Menelao si risposo' Con la stessa donna, laggiu' sulle sponde dell'Egeo, Tutto fini' come un film hollivudiano Con un *Happy End.* Stranamente, Nessun Omero non si lamento' dei diritti d'autore
Fat vagabond	**Sorte vagabonda**
Mes nesh shtrihet një fat vagabond yjesh. Ka çaste që përpijnë si vrima të zeza galaktika puthjesh, fjalësh, shikimesh. Në këtë kaos kozmik endet fati ynë vagabond yjesh, që pret të shpiket një univers i ri.	Tra di noi si estende Una sorte vagabonda di stelle. Ci sono momenti che risucchiano Come buchi neri Galassie di baci, parole e sguardi. In questo caos cosmico Erra la nostra sorte vagabonda di stelle, Che attende l'invenzione Di un universo nuovo.
Kthim	**Ritorno**
Ajo endte mbi qilimin e muzgut gjurmën e një udhe të pafund, që shpërbëhej çdo mëngjes nga disku i zjarrtë i pritjes. Një orakull kibernetik kishte parashikuar kthimin e Udhësit në Itakë, pa trofe, pa dekorata, pa bujë. Do ishte një kthim si ai i stinëve që zotat i kanë dënuar me udhë eliptike.	Lei tesseva sulla tela della sera L'impronta di un viaggio senza fine, Che si disfaceva ogni alba Dal disco focale dell'attesa. Un oracolo cibernetico aveva prevvisto Il ritorno di Ulisse ad Itaca, Senza trofei, ne medaglie e trambusto. Sarebbe un ritorno come quello delle stagioni Che gli dei li hanno condannati in un viaggio elittico.

Do ishte një kthim si ai i zogjve shtegtarë që ia behin me një bulëzim luleje, shira, diell, ngrica. Do ishte një kthim si ai i aromës së blirit në qytetin e pritjes së përjetshme.	Sarebbe un ritorno come quello degli uccelli migratori Che giungono al germogliar dei fiori, le pioggie, il sole, le gelate Sarebbe come un ritorno come quello del profumo del tiglio Nella citta' dell'attesa eterna.
Teoria e fijeve	**La teoria dei fili**
Në univers gjithçka lidhet në heshtje nga grimca imazhesh kuantike. Një supernovë që shpërthen periferive të Rrugës së Qumështit dhe e qara e një fëmije të porsalindur që pushon mbi gjoksin e nënës. Një ditë pranvere që gjallon mbi një lule qershie dhe buzëqeshja e një plaku i gëzohet prore stinës së re. Një poezi e Nerudës dhe tingujt e lirës së Orfeut, një yll që gërvisht qiellin e një nate vere dhe një puthje që bulëzon mbi shkretëtira fjalësh. Gjithçka lidhet me grimca fijesh të padukshme.	Nell'universo tutto lega in silenzio Da particelle di immagini quantiche Una supernova che esplode Alle periferie della via Lattea Ed il pianto di un bambino appena nato Che riposa sul seno della madre. Un giorno primaverile che vive sul fiore del ciliegio Ed il sorriso di un vecchio si rallegra ancora alla nuova stagione. Una poesia di Neruda ed i suoni della cetra di Orfeo Una stella che graffia il cielo in una notte d'estate Ed un bacio che germoglia su deserti di parole Tutto lega da particelle invisibili.
Galeria e hijeve	**La galleria delle ombre**
Mes teje dhe natës derdhet silueta e hijes sime, që kurrë nuk mbërriti tek ti. Mes meje dhe natës derdhet dallga e hijes sate që kurrë nuk mbërriti tek unë.	Tra te e la notte Versa la scia della mia ombra Che mai giunse a te. Tra me e la notte Versa l'onda della tua ombra Che mai giunse a me. Tra il mondo e la notte

Mes botës dhe natës	S'attorcigliano le nostre ombre
kapërthehen hijet tona,	Che mai raccogliemmo in pieno.
që kurrë s'i mblodhëm të plota.	

Vegim

Visione

Edhe sonte	Anche stasera
imazhin tënd	La tua immagine
të ujit	D'acqua
ma kthyen piklat	Mi restituirono le gocce
e një shiu	Di una pioggia
të ngrohtë pranveror,	Calda primaverile,
hapësira mes nesh	Lo spazio tra di noi
dhe botës	Ed il mondo
u mbush me aromën	Si riempi' con il tuo
tënde prej orkideje.	profumo d'orchidea.
Edhe sonte ti erdhe	Anche stasera tornasti
nga shtegu i yjeve	Dal sentiero delle stelle
dhe ike në ag	E fuggisti all'alba
me lindjen e Venusit.	Al sorgere di Venere.
Mbi themelet e njelmëta	Sulle fondamenta salmastre
të ditës së re	Del nuovo giorno
një argjendar mistik shkriu në harqe	Un gioielliere mistico sciolse in archi
ylberesh	d'arcobaleno
buzëqeshjen tënde galduese.	Il tuo sorriso gioioso.

Rapsodi urbane

Rapsodia urbana

Një bard plak tendos	Un vecchio vate tende
telat e shiut mbi lahutë,	Le corde della pioggia sul liuto,
më këndon eposin e kreshnikëve	M'intona l'epopea dei Kreshnik[2]
të praruar me kuarce fjalësh.	Contenti in quarzi di parole.
Të lutem, o bard plak,	Ti prego, O vecchio vate,
mos më këndo për	Non cantarmi piu' di
Muj dhe Halil harruar	Muj e Halil[3] abbandonati
në makete imagjinare metrosh,	Su prototipi immaginari di metro'
që rendin pas ritmit të melodisë	Che si susseguono al ritmo della melodia

---

[2] Figure mitologiche albanesi

12

së shirave artificiale.	Delle pioggie artificiali.
Të lutem, o bard plak, mos më këndo për ylbere që reflektojnë mbi kullat e xhama të Jutbinës së re, ku krajlë e kreshnikë jetojnë të lumtur nën pluhur marmidash katalitike.	Ti prego, o vecchio vate, Non cantarmi piu' per Gli arcobaleni che riflettono Su torri vetrate della nuova Jutbina, Dove i re i Kreshnik vivono felici Sotto la polvere delle marmitte catalitiche
Tutje një rapsod i ri ia merr këngës: "Fort po shdrit njaj LED e pak po xe'!..."	Laggiu' un giovane vate intona la canzone: *"Tanto brilla quel LED e poco ci riscalda"!*
Patinazh Ato kundronin patinazhin e yjeve mbi sy të akullt.	**Patinaggio** Essi contemplavano Il patinaggio delle stelle Sugl'occhi di ghiaccio
Sipas *Dhiatës së Re* Udhët tona janë kryqe të ngulura në toka harresash, ku lamtumirat kanë gozhduar çaste, puthje, gjethe që fluturojnë në ajër, grimca përjetësie. Unë besoj te ringjallja për sa kohë besoj te mungesa jote.	**Secondo il Nuovo Testamento** Le nostre strade sono croci piantate In terre immemori, dove gli addii Hanno inchiodato momenti, baci, Foglie che volano nell'aria, Particelle d'infinito. Io credo nella rissurezione In quanto credo Nella tua assenza
Botë Brenda nesh gjallon një botë tërë ikje-kthime, banuar nga fjalë nomade, që treten në univers si valët e një radioje	**Mondi** Dentro di noi, Germogliano mondi Di fughe e ritorni Abitate da Parole nomadi, Che si sciolgono nell'universo Come le onde di una radio Che si diffonde

që hapërdahen në një planet të vdekur. Ndofta janë të fundmet fjalë që Arka e Noes shpëtoi nga përmbytjet e botës së ikje-kthimeve. Ndofta janë poezi të pashkruara, që presin dritën e zbulimit, si qytete të harruara antike, që shekujt i kanë mbuluar me rrënoja fjalësh të pathëna	In un pianeta morto. Forse sono Le ultime parole Che l'Arca di Noe' Salvo' dal diluvio Del mondo Delle fughe e dei ritorni. Forse sono Poesi non scritte Che attendono la luce della rivelazione Come citta' antiche sommerse Che i secoli hanno coperto Nelle rovine delle parole non dette
Servitut ligjor Lejohet kalimi i dritës së syve të tu në çdo truall ëndrrash.	**Servitu' legale** Consentasi il passaggio Della luce degl'occhi tuoi Su ogni fondo di sogni
Valë kozmike Një ditë mes gurgullima valësh gravitacionale, që përhapen nga përplasja e dy ëndrrave diku qosheve të universit.	**Onda cosmica** Un giorno Tra il fruscio Di onde gravitazionali Che si espandono Dallo scontro Di due sogni Negli angoli nascosti Dell'universo
Tundim Natë e butë kadife lëmon hënën e re, yjet e marsit kundrojnë joshjet hënore të miliona syve,	**Tentazione** Notte Di velluto soffice Accarezza la luna nuova, Le stelle di marzo Contemplano la seduzione lunare Di milioni di occhi,

miliona sy kundrojnë joshjet hënore të yjeve të marsit.	Milioni di occhi Contemplano la seduzione lunare Delle stelle di marzo
Lojë luftash	**"Gioco "battaglia"**
Kur ishim të vegjël, luanim me pushkë druri luftash, sot, kur kauzat kanë ndryshuar, kemi shpikur një lojë të re: lojën e largësive me armët e drunjta të harresës	Quando eravamo piccoli Giocavamo a battaglia con fucili di legno, Oggi, che le cause son cambiate, Abbiamo inventato un nuovo gioco: Il gioco delle distanze Con i fucili di legno Dell'obblio
Qetësi Si hije ikën dhe fjalët e kësaj nate. Diku dëgjohen hapa fjalësh tek ecin mbi ëndrra.	**Silenzio** Come ombre Fuggono le parole Di questa notte. Da qualche parte si sentono passi di parole Che camminano nei sogni
Kundrim Kalon përmes rrugicave të ngushta të qiellit alabastër, tretesh e kthehesh si një kometë pa emër në të njëjtën orbitë shekullore, pa e kuptuar se yjet nuk janë asgjë më shumë se një alfabet me të cilin shkruhen skenarë për *reality show*. Diku qosheve të universit ka 400 vjet që të vëzhgon syri kurioz i një Galileu.	**Ammirazione** Passeggi tra Le contrade strette Del cielo alabastro, Svanisci e torni Come una cometa senza nome Nella stessa orbita secolare, Senza capire che le stelle Non sono niente di piu' Di un abecedario con il quale si scrivono sceneggiature Per *reality show*. In qualche angolo dell'universo Sono ormai da 400 anni che l'occhio curioso di Galileo ti osserva.

Eksod	Esodo
Bashkë me natën dy të huaj udhëhumbur, që endemi me *Harly-Davidson* në një truall kreshnikësh. Trokasim në bujtina legjendash: "O i zoti i shpisë, a don miq?" Çuditërisht, asnjë derë nuk na hapet, asnjë Muj dhe Halil nuk ka mbetur këtyre anëve, thonë janë shpërngulur për në Tokën e Premtuar, Ajkunat kanë ikur të vajtojnë Omerët në *skype-viber*. Unë dhe nata të vetëm në këtë truall legjendash me bujtina të largëta ëndrrash.	Insieme con la notte Due estranei In strade sconosciute Erriamo con *Harley Davidson* In un suolo di eroi, Bussiamo nei dormitoi legendari "C'e' nessuno, ci sono ospiti?" Stranamente nessuna porta Nessun Muj o Halil Non e' rimasto niente da queste parti, Dicono che hanno traslocato Nella Terra Promessa Le Ajkune sono andate A piangere Omero Su Skype – viber. Io e la notte Soli in questo Suolo di leggende Con lontani dormitoi sognanti
Orgji nokturne	**Orge notturne**
Dihatja e natës tretet mbi shtratin e yjeve, ofshama prostitutash ngujuar në një univers *offshore* përzihen me flakë orgjish yjore. Nga trarët e karbonizuar të Kashtës së Kumtrit bien gaca yjesh mbi koka Neronësh. - Alo! 129? - Po! - Kashta e Kumtrit po shkrumbohet!	Il sospiro della notte si perde Sul letto delle stelle, Lo sfogo delle prostitute Recluse in un universo *offshore* Si mescolano con fiamme do orge stellari. Sui binari carbonizzati della Via Lattea Cadono braci di stelle su teste di Neroni Pronto! 129 Si! La Via Lattea sta bruciando

16

Aromë blirësh	**Profumo di tigli**
Në këtë qytet dimrat vijnë rrallë, si grup muzikor rroku në një provincë, që njerëzia e pret me një gotë verë të ngrohtë në shesh. Ndryshe janë kthimet tuaja, ashtu pa bujë ti tretesh në ajër mes aromave të blirëve, shndërrohesh në shpirt prej uji, futesh në poret e qytetit, harrohesh.	In questa citta' Gli inverni non passano sovente Come una banda rrock In una provincia Che l'umanita' l'attende Con un biccchiere di vino Caldo in piazza. Diversamente sono i tuoi ritorni, Cosi senza rumori Ti disperdi nell'aria Tra i profumi dei tigli, Ti trasfromi nello spirito d'acqua, Entri ancora nella citta' E ti dimentichi.
Boshësi	**Vuoto**
Si në ato poezitë e socrealizmit, ku tingujt e rimave ushtojnë në hapësirën e zgarbët të vargjeve, ashtu dhe emrat tanë do vazhdojnë të vibrojnë brenda dy qyteteve të zbrazura rrethuar nga e djeshmja.	Come in quelle poesie del sociorealismo Dove i suoni delle rime tuonano Nello spazio vuoto dei versi, Cosi anche i nostri nomi Continueranno a vibrare Dentro due citta' vuote Circondati dal passato
Rrënoja urbane	**Resti urbani** Ogni giorno nascono
Çdo ditë lindin dhe rrëzohen perandori, cifla mermeresh dhe hijesh, shiten nga tregtarë antikash, si trofe gojëdhënash digjitale. Mbase një ditë aty do të gjejmë hijet e siluetave tona, kolona të rrëzuara të një forumi roman tek fiksohen në procesverbale përjetësie nga blice turistësh.	E cadono imperi Schegge di marmo e d'ombre, Si vendono da commercianti d'antiquariato, Come trofei tramandati digitali. Forse un giorno la' troveremo Le ombre delle nostre scie, Collone abbattute in un forum di qualche romanzo Mentre fissa nei verbali Dell'infinito dai blitz turistici.

Rrugë	Strada
Nuk di ku t'i fshihem kësaj stuhie yjore, që pikon zjarr mbi gjithësi, por akull mungesa jote. Ja, erdhi viti elektoral, të gjitha rrugët e universit u rikonstruktuan me tendera të hapur, veç rruga ime për tek ti mbetet e papërfunduara e vetme e kësaj bote. U thinjën dhe hyjnitë nga pritja e ndërtimit të një rruge të vogël të kësaj bote. Ku t'i fshihem kësaj stuhie yjore? Të gjitha rrugët më çojnë te mungesa jote.	Non so dove nascondermi Da questa tempesta stellare, Che gocciola fuoco nell'universo Pero' glacciale la tua assenza. Ecco che arriva anche l'anno elettorale, Tutte le strade dell'universo si ricostruirono, con appalti pubblici, tranne la mia strada che porta a te resta l'unica inconclusa in questo mondo. I cappelli degli Dei diventano bianchi Dall'attesa della costruzione di una strada piccola di questo mondo. Dove mi nascondo da questa tempesta stellare? Tutte le strade mi portano verso la tua assenza.
Shirat e prillit	**Le piogge d'aprile**
Shirat e prillit presin të pagëzojnë ardhjen tënde, brenda mbretërisë së një patriarku metalik stjuardesat më shërbejnë imazhe që thërrmohen si qelqurina servisesh vjeneze. Edhe këtë vit qiejt e prillit u ngrysën pa fytyrën tënde prej shiu.	Le piogge d'aprile attendono Per battezzare il tuo arrivo Dentro il regno di un patriarca metallico Le hostess ci servono immagni Che si sbricciolano come cristalli di servizi viennesi. Anche quest'anno i cieli d'aprile si oscurarono Senza il tuo viso piovano
Yje neoni	**Stelle di neon**
E prapë m'u shfaqe ti, s'i frymë mjegulle më mbulove me tis muzgor. Një dritë e zbehtë hëne më tregonte udhën	Ancora m'apparisti Come fiato di nebbia Mi copristi con velo d'alba. Una luce fiocca di luna Mi mostrava la strada Per il villaggio turistico delle leggende,

për në fshatin turistik të legjendave, ku yje neoni pulsonin mbi hotele. Dikush bërtiti: "Ikën dritat! Ikën dritat!" Ah, në këtë vend veç dritë e hënës ma tregon udhën për tek ti, romancat janë imitacione të dobëta legjendash urbane.	Dove luci di neon lampeggiano sugli alberghi. Qualcuno urlo': " e' saltata la luce! e' saltata la luce!" Ah, in questo luogo oltre la luce della luna Nessuno mi mostra la strada verso di te, I romanzi sono Imitazioni leggere di leggende urbane
Bardhësi	**Candido**
Mbase do të kryqëzohemi diku në terminale aeroportesh me pasaporta të bardha në duar, ku shkruhet: "Republika e Harresës".	Forse ci incroceremo chissa' dove In terminali di aeroporti Con passaporti bianchi nelle mani Dove si scrive: "La Repubblica dell'oblio".
Arkeologji e syrit	**L'archeologia dell'occhio**
Nga thellësitë e syve të tu baticat nxjerrin amfora të thyera puthjesh të një epoke të paemër. Nga thellësitë e qiejve të natës baticat nxjerrin amfora të thyera yjesh të shekullit V para dritës së syve të tu. Të dielën e çdo fund muaji muzetë vizitohen pa pagesë.	Dalle profondita' dei tuoi occhi le maree portano a galla anfore rotte di baci Di un'epoca senza nome. Dalle profondita' dei cieli della notte Le maree portano a galla anfore rotte di stelle Del secolo V prima della luce dei tuoi occhi. L'ultima domenica del mese i musei si visitano gratuitamente.
Mistike	**Mistica**
Eci mbi dunat e kohës kozmike s'i murg i arratisur nga kore liturgjish, nata më mbulon me pelerinën e saj	Cammino sulle dune Del tempo cosmico Come monaco fuggiasco Dai cori liturgici, La notte copre Col suo mantello Ricamato con i fili

të qëndisur me fijet	Della solitudine del mondo,
e vetmisë së botës,	Dentro di me
brenda meje	Tutto l'universo
i gjithë universi	In un monastero spazio – tempo
një manastir kohë-hapësire	Illuminato da fiamme di stelle.
ndriçuar nga flakë yjesh.	
Rrëzime yjore	**Cadute stellari**
U këput një yll	Si stacco' una stella
dhe u shua në gjithësi.	E si spense nell'universo
Ka pesë miliardë vjet	da miliardi di anni
që yjet bien mbi botë	le stelle cadono sul mondo
po njësoj, me të njëjtën magji,	ma allo stesso modo, con la stessa magia
që nga epoka e akullnajave	Che dall'epoca glaciale
dhe sot në epokën e përflakur	Anche oggi nell'epoca infiammata
të syve të tu.	Degl'occhi tuoi.
Lutje	**Preghiere**
Ardhtë një çast	Che venga un attimo
si profeci e papërmbushur,	Come profezia incompiuta
iktë një pafundësi pritjesh!	Che fugga un'infinita' di attese!
Amin!	Amen
Ardhtë një e nesërme	Che venga un domani
e shenjtëruar nga hiri i pritjes,	Santificato dalla polvere dell'attesa
iktë një e sotme ritualesh pagane!	Che fugga un oggi di rituali pagani!
Amin!	Amen!
Ardhtë një puthje frymësh pa ikje!	Che venga un bacio di respiri senza fughe!
Bingo!	Tombola!
Të yjëzuara	**Stellati**
Të yjëzuara	Stellati
janë shpirtrat	Sono gli animi
që braktisin	Che abbandonano
trupat mishtorë	Corpi carnali
të fjalëve	Delle parole
për t'u bashkuar	Per unirsi

në trupin e natës s'i gjuetar perlash në fund oqeanesh të gjithësisë.	Al corpo della notte Come cacciatori di perle Nei fondi marini Dell'infinito.
Paradoks	**Paradosso**
Thonë se universi po zgjerohet, yjet po rendin kuturu drejt hapësirave të reja me turravrapin e dritës. Ndërsa ne jemi po aty ku na flaku Big-Bengu para 5 miliardë vjetësh, në të njëjtën largësi nga njëri-tjetri, endemi rrugicave të një bote të vogël, bareve të një qyteti kaotik, rrotullohemi paqësisht rreth egove tona urbane me paradoksin zanafillor: në këtë univers, që zgjerohet pafundësive kozmike, fatet tona s'do të përplasen kurrë.	Dicono che l'universo Si espande, Le stelle corrono a vanvera Verso spazi nuovi nella rincorsa della luce. Invece noi siamo ancora li Dove ci getto' il Bing Bang Prima di 5 miliardi di anni Nella stessa distanza dall'un l'altro Vaghiamo nelle contrade Di un piccolo mondo, Nei bar della citta' caotica, Giriamo pacificamente Intorno ai nostri ego urbani Con il paradosso genetico In questo universo, che si espande Nelle infinita' cosmiche, I nostri destini non si incontreranno mai.
Gjeometrike	**Geometriche**
Ditët që ikin janë hijet e rrezeve të një rrethi të baraslarguara nga e djeshmja, e sotmja ka formën e një vetulle hëne, nga ku përkundet një ditë e sapolindur. Mbi perimetra buzësh harkore priten tangjente puthjesh të një dite të re.	I giorni che passano sono Ombre di raggi di un cerchio Equidistanti dallo ieri, L'oggi ha la forma di una luna sopracigliata, Dove si culla un giorno appena nato. Su perimetri di labbra arcate Si incontrano tangenti di baci Di un nuovo giorno.

Gjithçka rrotullohet mbi sipërfaqen e një sfere të vogël në gjeometrinë e mistershme të universit.	Tutto ruota Sulla superficie di una piccola Sfera nella geometria Misteriosa dell'universo.
Vjeshtë	**Autunno**
Yjet bien s'i gjethet në këtë fund vjeshte, shuhen mbi lakuriqësinë e natës.	Le stelle cadono come le foglie In questo fine d'autunno Si spengono sulla nudita' della notte.
Ritual pagan	**Rituale pagano**
Netët vjedhin nga ditët tona grimca drite si blatim ndaj errësirës,	Le notti rubano Dai nostri giorno Particelle di luce Come sacrificio verso Il buio,
qiejt vjedhin nga lutjet tona grimca shprese si blatim ndaj universit,	I cieli rubano Dalle nostre preghiere Particelle di speranze Come sacrificio verso L'universo,
orakujt vjedhin nga fatet tona grimca puthjesh si blatim ndaj dashurive të pamundura,	Gli oracoli rubano Dai nostri destini Particelle di baci Come sacrificio verso Gli amori impossibili
ne i vjedhim njëri-tjetrit grimca përjetësie si blatim ndaj poezive të pashkruara.	Noi rubiamo Dall'un l'altro particelle d'infinito Come sacrificio verso Le poesie mai scritte

Aromë jete	Profumo vitale
Çdo vit që ikën është një yll i shuar në qiejt e përflakur nga e kuqja e një vere të vjetruar në kantinat e dështimeve dhe triumfeve tona të vogla. Është dehëse aroma e jetës!	Ogni anno che passa C'e' una stella che si spegne Nei cieli infiammati Dal rosso di un vino Invecchiato nella cantina Dei nostri piccoli fallimenti e trionfi e' inebriante il profumo della vita
Copëza ditësh	**Le particelle delle giornate**
Në copat e letrave që flenë ndër sirtarë, faqe librash, xhepa, nuk ka histori që flasin për yje, hënë, trëndafila, jargavanë, liqene të argjendta, kopshte idilike. Ka copa jete që më flasin për atë që s'ka ardhur ende. Nuk është rikthimi i dytë, është çasti kur ëndrrat e përgjumura ndër sirtarë mbushen me ajrin e një dite të re.	Su pezzi di carte che dormono nei cassetti, Pagine di libri, tasche Non ci sono storie che parlano Di stelle, Della luna Delle rose, Dei glicini, Dei laghi argentati Giardini idilliaci. Ci sono pezzi di vita che mi parlano di quello che non e' ancora giunto. Non e' un secondo ritorno, E' il momento dove i sogni addormetati nei cassetti, Si riempiono con l'aria di un nuovo giorno.
Rrugëtimi i fjalës	**Il percorso della parola**
Sa shekuj iu deshën fjalës të fluturonte në eter, të endej si beduine nëpër botë, të tregonte histori dashurie, luftëra, paqe, zbulime, shpikje! Sa shekuj iu deshën fjalës të ngadhënjente mbi manastiret e heshtjes njerëzore!	Quanti secoli son voluti alla parola Che volasse nell'etere per vagare come beduini nel mondo, Per raccontare storie d'amore, di guerra e pace, scoperte, invenzioni! Quanti secoli son voluti alla parola per trionfare sui monasteri del silenzio umano!

Sa shekuj iu deshën fjalës të shenjtërohej ndër kushtetuta, konventa, ligje si më e epërmja shenjtore! Sa shekuj iu deshën fjalës të kthehej në vargje, të dilte nga shpirti im për të ardhur drejt teje!	Quanti secoli son voluti alla parola per santificare nelle costituzioni, convenzioni e leggi come la superiore santita'! Quanti secoli son voluti alla parola per trasformarsi in versi, per uscire dall'anima mia Per arrivare verso di te!
Mapoja e vjetër	**Il vecchio MAPO[4]**
Mapoja e vjetër, ku dikur im at më blinte lodra kineze me bateri të skaduara e unë, fëmijë i lumturuar, rrekesha të kurdisja breshkat, tanket, autobusët, kuajt me bateri të skaduara, pa e kuptuar se vetë koha ishte orë loje me bateri të skaduara, që priste fëmijët e mesnatës për ta kurdisur. Neonet e mapos së vjetër vazhdojnë të ndizen e fiken nga komandat e roleve të harresës si pulsimet e një fari porti të largët, që zgjohet nga sirena anijesh dhe kotet nën hënën endacake.	Il vecchio MAPO, dove mio padre, un tempo Mi comprava gioccatoli cinesi Con pile scadute Ed io, fanciullo felice, Tentavo a caricare le tartarughe, I carri, i bus, i cavalli a batterie scadute, Senza capire che il tempo stesso Era un giocatolo a pile scadute, Che attendeva i fanciulli a mezzanotte per essere caricato. I neon del vecchio MAPO continuano ad accendersi e spegnersi Dai commandi dei ruoli dell'oblio Come pulsazioni di un faro di un porto lontano, Che si sveglia alla campana delle barche E si appisola sotto la luna errante
Dedikim për brezin tim	**Dedicato alla mia generazione**
Diku në një natë dhjetori, erdhe ti, fëmija i mesnatës, pas gjysmë shekulli aborte koha ngjizi frymën tënde me engjëjt e dijes. Linde në një qytet që sot ka moshën tënde,	In qualche parte in una notte di dicembre, Sei giunto, il bambino della mezzanotte Dopo mezzo secolo di aborti Il tempo gesto' il tuo soffio con angeli del sapere. Nascesti in una citta' che oggi ha la tua eta'

---

[4] I MAPO, e' l'acronimo correspondente in Albanese di Magazzini Popolari. I MAPO erano gli ippermercati del tempo.

24

librat e shenjtë e pagëzuan si Qyteti i Fëmijëve të Mesnatës, librat e historisë si Qyteti i Ëndrrave të Dhjetorit.	I libri sacri lo battezzarono "la citta' dei bambini della mezzanotte I libri della storia come la citta' dei sogni di dicembre.

Akrobaci

Acrobazie

Mes jetës dhe vdekjes varet një litar i thurur me fijet e fatit. Dikush kacavirret në të, dikush ecën mbi të si një akrobat këmbëzbathur me shkop në dorë, e dikush vrapon mbi të me shpejtësinë e ëndrrave.	Tra la vita e la morte E' appesa una corda intrecciata con i fili della sorte. Qualcuno si arrampica su di essa, Qualcuno cammina su di essa, Come un acrobata scalzo ed il bastone in mano, Qualcuno corre su di essa Con la velocita' dei sogni

Peizazh

Peisaggio

Largësitë janë krahë lejlekësh, që enden bujtinash spërkatur me dritë nga hëne endacake;	Le distanze hanno ali di cicogna Che vagano nelle baite spruzzate di luce Da una luna vagabonda,
largësitë janë stacione tramvaji, ku treten tingujt e një kitare lypsare;	Le distanze sono stazioni di tram Dove si sciolgono i suoni di una chitarra mendicante
largësitë janë tela telefoni të këputur nga ngricat e zemrave;	Le distanze sono fili di telefono rotti Dalle gelate del cuore;
largësitë janë poezi të pashkruara, që dekantojnë liqeneve të argjendta;	Le distanze sono poesie non scritte Che decantano nei laghi argentati
Largësitë janë zemberekët e orëve të përkulura të Salvador Dalisë;	Le distanze sono le lancette degli orologi piegati di Salvador Dali
largësitë janë një pikë e vetme në gjeometrinë e shpirtit.	Le distanze sono un punto solo Nella geometria dello spirito

Aeroport	Aeroporto
E djeshmja është qytet i qelqtë praruar krizantemash të bardha, e sotmja është një aeroport i thinjur, që plaket mbi qytetin e qelqeve. Mes tyre pasagjerë tranzitesh buzëqeshin sporteleve, rreken të prekin qytetin e paemër të së nesërmes, pasagjerë lundërthyer, ngujuar në tranzitet shekullore të aeroportit të thinjur, që përgjumet shekujsh.	Il passato e' una citta' di cristallo Contento dei crisantemi bianchi Il presente e' un aeroporto brizzolato, Che invecchia su questa citta' di cristallo. In mezzo ad essi i passeggeri di transito Sorridono nelle reception, Tentono a toccare la citta' senza nome Del domani, Passeggeri naufraghi, Reclusi nei transiti secolari Dell'aeroporto brizzolato, Che si addormenta nei secoli
Qyteti i ndaluar	**La citta' proibita**
Në qytetin e ndaluar thonë se kanë vjedhur kohën para se koha të ekzistonte, thonë se orët janë shkrirë ëndrrat kanë mbetur pa ëndërrimtarë, ëndërrimtaret kanë mbetur pa ëndrra, kohët e vjedhura kanë mbetur pa orë, orët kanë dalë në kërkim të kohëve të vjedhura.	Nella citta' proibita dicono Che hanno rubato il tempo Prima che il tempo esistesse, Dicono che le ore sono sciolte I sogni sono rimasti senza sognatori, I sogni sono rimasti senza sognatori I tempi rubati sono senza ore, Le ore sono alla ricerca dei tempi rubati
Njeriu vitruvian	**L'uomo vitruviano**
Në hiroglife yjesh u fanitën fjalët e pathëna, ditët i qëndisëm me filigran fatesh të huaja, i ekspozuam panaireve të metropoleve si relikte jetësh të pajetuara, i ekspozam kalldrëmeve të provincave si trofe të njeriut vitruvian, i blatuam në tempullin e egos urbane.	Su geroglifici di stelle svanirono le parole non dette, I giorni ricamati di filigrana di distini estranei, Li esponemmo nelle fiere delle metropoli Come reliquie di ciottolato delle province Come trofei dell'uomo vitruviano, Li sacrificammo nel tempio dell'ego urbano

U ndërruan stinët	**Cambiarono le stagioni**
U ndërruan stinët vagonëve të orëve të vona në një stacion tramvaji. U ndërruan stinët, pa fishekzjarre, pa kumte, pa shtrëngime duarsh, pa lot. U ndërruan stinët, fjalët e pathëna u shkruan në mure lutjesh si procesverbale kujtese për stinët e përgjumura në ëndrra fëmijësh.	Cambiarono le stagioni Nei vagoni delle ore notturne In una stacione di tram. Cambiarono le stagioni Senza fuochi d'artificio, senza omelie, Senza strette di mano, senza lacrime. Cambiarono le stagioni, Le parole non dette Si scrissero sio muri di preghiere Come verbali del ricordo Per le stagioni addormentate Nei sogni dei bambini.
Liria	**La liberta'**
Të kërkova në librat që nuk i lexova kurrë, në tingujt e arratisur nga një radio e vjetër, në libra autorësh të ndaluar, në toka të lira, të pakolonizuara nga padronët e fjalës, në qiej të gërvishtur nga re me biografi gri. E ti ishe aty, në ajër, mes resh me biografi gri, grimca e Zotit, e padukshme, e pa prekshme, fryme e kudondodhur. Nuk kishte laborator "Cerni" për të vërtetuar ekzistencën tënde, po ti ishe aty, e paprekshme, e padukshme,	Ti ho cercato sui libri che non ho mai letto, nei suoni fuggiaschi di una vecchia radio, su libri di scrittori proibiti, in terre libere, non colonizzate dai padroni delle parole, in cieli grattati da nubi con una grigia biografia. Tu eri li, nell'aria, Tra le nubi con biografie grigie Particella di Dio, Invisibile, Intoccabile, Respiro dovunque. Non c'erano i laboratori "Cerni" per mostrarlo La tua esistenca, Ma tu eri li, intoccabile, invisibile, Tu l'antimateria, Madre delle nubi di biografie grigie.

ti antimateria, nënë e reve me biografi gri.	
Kohë e ngrirë	**Tempo congelato**
Fjalët i mbështetëm ndër degët e fateve tona dimërake, çdo fjalë ka ngelur siç e lamë: natyrë e qetë, ku koha ka pikturuar pafundësinë e një molle, pa Evë dhe pa Adam.	Appoggiammo le parole Su sui rami dei nostri destini invernali, Ogni parola e' rimasta come la lasciammo: La natura morta, dove il tempo ha pitturato L'infinito di una mela Senza Eva ed Adamo
"Jorgji Kalamitri", nr. 101, Shkodër	**"Jorgji Kalamitri" nr 101 Scutari**
Mes avllive të vjetra observator prej sedefi, ku valëzonin kureshtjet e mia për botën, nga ku kundroja si Galile i vogël zogj dimërakë, pullaze ku sundonin në heshtje solemne tymtarë e antena si mbretër që s'njohin abdikim. Jashtë teje fruta të papjekura lulëzonin kopshtesh të rrethuar me hajmali betoni, çimento e ngrirë mbi hekurishtet e mjekrës së Karl Marksit. Kur binte muzgu, ne, si Ruzvelti, Çërçilli e Stalini, ndanim trofetë e "luftës", fruta të papjekura, idhtake si fjalët e një plaku: "Ikni, more fëmijë hora!", idhtake si vetë koha. E gjithë Itaka ime një observator sedefi	Tra i vecchi pergolati un osservatoria di madreperla Dove ondeggiavano le mie curiosita' per il mondo, Da dove ammiravo come un piccolo Galileo gli uccelli invernali, I tetti dove dominava un silenzio solenne Camini e antenne come re che non conoscono abdicazione. Fuori, piu' in la' frutti immaturi Maturavano negli orti circondati di talismani di calcestruzzo, Il cemento solido sui ferramenta della barba di Karl Marx. Quando scendeva la sera, noi come Roosvelt e Churchill e Stalin, distribuavamo i trofei della "guerra" frutti immaturi, acidi come le parole di un vecchio: "Andatevene via, Bambimi disgraziati!"

brenda një avllie të vjetër me jargavanë, ku takohen Galileu dhe Uliksi.	
Rubikon	**Rubicone**
Nëse do isha një Cezar, beteja ime më e madhe do të ishte në qytetin e Perëndisë së Ujërave, aty ku legjionet thyhen pa kaluar Rubikonin e buzëve të qelqta.	Se fossi un Cesare, La mia battaglia piu' grande Sarebbe nella citta' dell'Impero delle Acque, La dove le legioni si abbattono senza passare oltre Il Rubicone delle tue labbra di vetro.
Nëse do isha një Bonapart, Vaterloja ime do të ishin mermerët e fytyrës sate praruar me buzëkuq të zbehtë.	Se fossi un Bonaparte, La mia Waterloo sarebbe Il marmo del tuo viso Contento del rossetto leggero.
E nëse atëbotë do të isha ky që jam sot, prore do dashurohesha me të njëjtat triumfe e dështime, do shkruaja poezi të shkurtra, si kronika triumfesh dhe dështimesh të paralajmëruara.	E se nell'al di la fossi Quel che io sono oggi, Ancora m'innamorerei Con gli stessi trionfi e fallimenti, Scriverei brevi poesie Come croniche di trionfi e fallimenti Inavertiti.
Manuale eksperimentale	**Manuale esperimentale**
Manualet janë tekste teknike që rrëfejnë si përftohet argjendi i hënës nga formula ëndrrash të pashkruara, si përthyhet drita e yjeve në prizmin e ëndrrave të fjetura. Impersonale janë formulat e manualeve, pa kimizma malli dhe patetizmi. Ti që po lexon këtë manual, ta dish se ky	I manuali sono testi teknici che raccontano Come si ricava l'argento dalla luna Da formule di sogni non scritti Come si infrange la luce delle stelle nel caleidoscopio dei sogni addormentati. Impersonali sono le formule dei manuali, Senza chimiche di nostalgie e di patetizmi. Tu che leggi questo manuale, devi sapere che questo E' un prodotto non ancora testato, Dalla massa compiacente,

është produkt i patestuar prej turmës pëlqimdashëse, është një manual teknik pa zogj, pa liqene, pa qiej që fundosen në dete të qeta, me shumë "pa" dhe me shumë "si". Është një tekst teknik i ndaluar në parajsat me dyer të praruara ngjyrë malli, ngjyrë romantizmi, ngjyrë dashurish heliocentrike, ku përjetësisht orakujt i këndojnë një profecie. E vetmja garanci që jep është e drejta e autorit.	E' una manuale teknico senza uccelli, ne laghi, Senza cieli dove affondano mari tranquilli, Tanti "senza" e tanti "come". E' un testo tecnico proibito Nei paradisi con porte contente con i colori della nostalgia, Il colore del romanticizmo, il colore di amori eliocentrici, Dove eternamente gli oracoli cantano una profezia. L'unica garanzia che da' e' il diritto d'autore.
Kuantika e zemrave Ishin dy universe paralele, me kohë dhe hapësirë të ndryshme. Ligjet e fizikës thoshin: "Janë dy ekzistenca të huaja, që kanë flirte grimcash subatomike." Ishte një nga paradokset e bukura.	**La quantica dei cuori** C'erano due universi paralleli, In tempo e spzio diversi. Le leggi della fisica dicevano: Sono due esistenze estranee, Che hanno corteggiamenti di particelle subatomiche". Era uno dei bei paradossi.
E pakohë E djeshmja shkrihet si paracetamol në një gotë uji, e bashkë me të ikin dhimbjet, harresat, lamtumirat. Fjalët e pathëna treten në qelqin e kësaj nate pa hënë. Ka diçka të pakohë, pa të djeshme,	**Senza tempo** Il passato si scioglie Come paracetamolo Nel bicchiere d'acqua, Ed insieme ad esso Passano i dolori, Le dimenticanze, gli addii Le parole non dette Si sciolgono nel cristallo di questa notte Senza luna. C'e' qualcosa senza tempo Senza il passato

të sotme, të nesërme,	L'oggi ed il domani,
që tretet brenda shpirtrave	Che si scioglie dentro gli animi
si eter përjetësie,	Come etere eterno
humb pa sens kohe,	Si perde senza il senso del tempo
ashtu siç humbasin	Cosi come si perdono
hënëzat cigane	Le lunette nomade
syprinave të liqeneve	Sulle superfici dei laghi
të argjendta.	D'argento.

Balada urbane | **Legenda urbana**

Jemi puthur diku baladash,	Ci siamo baciati nelle leggende
kohë kur yjet hapërdaheshin	Tempo quando le stelle si disperdevado
nëpër univers si Uliks pa Itakë	Nell'universo come Ulisse senza Itaca
dhe frymët tona ishin pluhur yjesh.	Ed i nostri respiri erano polvere di stelle.
Nuk mbaj mend, edhe ndoshta.	Non ricordo, e forse.
Unë them se jemi puthur diku	Io dico che ci baciati da qualche parte
periferive urbane	Nelle periferie urbane
nën përndritjen e hënës endacake.	Sotto l'illuminare della luna mendicante.
Fundja, ç'rëndësi kanë	Alla fine, che importanza ha
universi,	L'universo,
qyteti,	La citta'
periferitë urbane?	Le periferie urbane?
Në fund fizika na thotë	Alla fine la fisica ci dice
se ne jemi grimca atomesh,	Che noi siamo particelle atomiche,
të praruara nga përndritja hënore,	Contente dall'illuminazione lunare,
jemi një galaktikë e veçuar në	Siamo una galassia appartata nell'universo
universin e puthjeve.	dei baci.
Fizika? Po ti e di që çdo rregull e ka	Fisica? Ma tu lo sai che ogni regola ha
një përjashtim,	un'eccezione,
ndaj ndoshta ne jemi një pikturë e	Percio' forse noi siano un disegno di
Cèzanne-it,	Cezzane
në një galeri arti urban pa kurator,	In una galleria d'arte urbana, senza un
nuk jemi vepra origjinale,	curatore,
jemi një imitim i të gjithave,	Non siamo opere originali
si kjo poezi plagjiaturë e një puthjeje	Siamo imitazione del tutto
arratisur nga balada urbane.	Come questa poesia una plagiatura dei baci
	Fuggita dalle legende urbane.

Vizion	**Visione**
Një anije e bardhë	Una nave bianca
fluturon qiejve mbi liqen	Vola nei cieli sopra il lago
si e fundit profeci e papërmbushur.	Come l'ultima profezia incompiuta/
Stinët ikanake e shohin si fole e	Le stagioni fuggitive la vedono come un
braktisur shirash,	nido abbandonato dalle piogge
shelgjet si barkë e arratisur nga	I salici come una barca fuggita dalle
antologji poetike.	antologie poetiche.
Globalizëm	**Globalizzazione**
Një e djeshme që nuk ishte,	Un ieri che non c'era
një e sotme që nuk është,	Un oggi che non c'e'
grimca kohe të abortuara nga një e	Particelle di tempo abbortite da un domani
nesërme	Che non e' ancora nato.
Që lindur s'ka akoma.	Omero con occhiali di plastica ed arpe
Homer me syze plastike dhe harpa	elettriche
elektrike,	Che cantano le nuove "Illiadi"
u këndojnë "Iliadave" të reja,	Ma Troia e' ancora la stessa,
po Troja është po ajo,	Distrutta da un cavallo a batterie cinesi
e rrënuar nga një kalë me bateri të	scadute.
skaduara kineze.	
Edhe sonte	**Anche stasera**
Sonte më erdhi një zarf	Anche stasera arrivo' una busta
pa adresë, pa pullë poste,	Senza indirizzo, senza francobollo,
brenda kishte flatra engjëjsh	Dentro c'erano ali d'angelo
të palosura, fletore vizatimi,	Piegate, fogli da disegno,
kishte ditë të diela pushimi,	C'erano domeniche giorni di riposo,
jo nga ata të para Big-Bengut,	Non come quelle prima del Big Bang
kur Zoti pushonte i vetëm ditën e	Dove Dio riposava solo il settimo giorno
shtatë të krijimit	della creazione
e dita me natën nuk i kishin ndarë	Ed il giorno e la notte non avevano segnato
zonat e influencës,	le zone d'influenza,
koha nuk kishte njohur skajet e	Il tempo non aveva conosciuto i limiti
universit.	dell'universo.
Ishin të diela pushimi paraindustriale,	Erano domeniche di riposo preindustriali,

me karroca me kushineta, kuaj prej druri, breshka, zogj dimërakë.	Con carretti, cavalli di legno, Tartarughe e uccelli invernali.
Ishin si një fillim poezie nga ato të zakonshmet, pa ironi postmoderne, pa kontrata *leasing*, pa detyrime dhe kamata, të thjeshta si pantallonat e shkurtra të një fëmije, palosur në një zarf pa emër.	Erano come l'inizio di una poesia di quelle comuni, Senza ironia, postmoderne, senza contratti leasing, Senza obbligazioni ed interessi, Semplici come i pantaloncini di un bambino Piegati in una busta senza nome
Altar yjesh	**Altare di stelle**
Nata ndezi shandanët e qiellit, lutjet përhumbën në drita të zbehta yjesh, që ndriçojnë muranën e natës. I gjithë universi - një altar punuar me frymë yjesh, carredhe filigran hëne, ku derdhen afreske puthjesh të Gustav Klimtit.	La notte accese I candelieri del cielo, Le preghiere disperse In fiocche luci di stelle Che illuminano il tumulo della notte Tutto l'universo – un altare Lavorato con respiri di stelle, E filigrane della luna Dove versano affreschi di baci Di Gustav Klimt
Zgrip	**Orlo**
Edhe yjet rrëzohen kur ecin mbi buzët e tuaja. Fundja, edhe zanafilla ka qenë një kohë rrëzimesh, përplasjesh, shembjesh, kur yjet kalamendeshin kuturu hapësirave të pakohë e Zoti nuk e kishte marrë akoma pushimin e ditës së shtatë.	Anche le stelle cadono Quando camminano sulle tue labbra. Alla fine, anche la genesi E' stato un momento Di cadute, Scontri, Sprofondi, Quando le stelle vagavano A vanvera negli spazi senza tempo E Dio non aveva ancora deciso Del settimo giorno di riposo

Sipas *Dhiatës së Vjetër*	Secondo *"l'Antico Testamento"*
Nëse gozhdojnë imazhin tënd, ndryshe do të matet koha, do të shpiken formula të reja pagëzimi për puthjet e sapolindura, do të shpiken mure të reja lotësh, pa Jerusalem si kufi ndarës mes dy kohëve. E në fund nuk do të habitem nëse nga dora e padukshme e tregut do të shpiken detergjente të reja, për duar antike Pilatësh	Se inchiodano la tua immagine, Deversamente si misurerebbe il tempo, Si inventerebbero nuove formule di battesimo per il baci appena nati, si inventerebbero nuovi muri di pianti, senza Gerusalemme, come confini separatori tra due tempi. Alle fine non mi stupiro' Se dalla mano invisibile del mercato, Inventassero nuovi detergenti, Per mani antiche di Pilati
Fushatë elektorale	**Campagna elettorale**
Dua një zot të qeshur si fytyrë fëmije, jo një zot hijerëndë, solemn si fytyra liderësh ndër salla mbledhjesh partie..	Voglio un dio sorridente come il viso di un bambino Non un dio maestoso Solenne come visi di leader nele sale Di riunioni di partiti
Pasqyrat	**Gli specchi**
Pasqyrat nuk kanë kujtesë, janë tranzite për thërrmija drite, ku çaste puthjesh, harresash, lamtumirash, zhduken. Gjithçka zhduket bashkë me bulëzat e avujve, siç u zhduk dhe kjo sekondë, në pafundësinë e një kohe pasqyrash, kohe pa kujtesë.	Gli specchi non hanno memoria, Sono transitorie per le bricciole di luce Dove momenti Di baci, Di obblii Di addii Spariscono. Tutto sparisce Insieme alle bolle di vapore Come spari questo istante, Nell'infinito di un tempo di specchi Tempo senza memoria

Hekurosje	**Stiro**
Mos m'i hekuros ëndrrat, i vesh edhe të rrudhosura.	Non stirare i sogni Li vesto anche stroppicciate
Kur eci zgripeve	**Quando cammino sugli orli**
Sa herë eci zgripeve të heshtjes, mbahem në parmakët e fjalëve; sa herë eci zgriphoneve të fjalës, mbahem në parmakët e heshtjes; e nëse rrugët e Zotit janë pa fund, siç thuhet, kur gjenden në udhëkryqe fjalësh dhe heshtje, mbahem në parmakët e një pafundësie pagane.	Ogni volta che cammino sull'orlo del silenzio Mi sostengo sugli scorrimano delle parole Ogni volta che cammino sull'orlo delle parole Mi sostengo sullo scorrimano del silenzio E se le strade di Dio Sono infinite, come si dice Quando si e' negli incroci Di parole e di silenzi Mi sostengo sull'orlo Di un infinito pagano.
Shëmbëlltyra e një dite	**La somiglianza di un giorno**
E sotmja ka formën e gjurmëve të një këpuce fëmije diku rrugicave të një periferie.	L'oggi, Ha la forma di una traccia Di una scarpa di un bambino In qualche contrata di periferia
Rekuiem	**Requiem**
Mbase ky qytet është një grumbull hekurishtesh të harruara, si një uzinë e realizmit socialist, nën lëkurën e të cilit kryqëzohen trena modernë të viteve tridhjetë me sharabajka të epokës dixhitale.	Forse questa citta' e' un mucchio Di ferramenta dimenticata Di una fabbrica del realizmo socialista Sotto la pelle del quale si incrociano Treni moderni degl'anni trenta Come carri dell'epoca digitale
Destin	**Destino**
Jemi të destinuar të krijohemi e të zhbëhemi brenda një fati endacak.	Siamo destinati Di crearsi E di disfarsi In un destino vagabondo.

Pas çdo ikjeje na ndjekin karvanë ngarkuar me fjalë të pathëna dhe ungjij apokrifë urbanë.	Dopo ogni fuga ci seguono carane Cariche di parole non dette Come vangeli apocrifi urbani
Teatër absurd	**Teatro assurdo**
Kanë shpikur një alfabet të ri për një qytet ku askush nuk lexon: shkruajnë poezi për një teatër bosh, duartrokasin para një skene me drita të fikura.	Hanno inventato Un nuovo alfabeto Per una citta' Dove nessuno legge: Scrivono poesie Per un teatro vuoto, Applaudono davanti ad una scena A luci spente.
Natë dimri	**Notte d'inverno**
Nën zhurmën e një rolete të vjetër, që përplaset mbi xhamat e avullta të një bari province, u mbështoll dhe kjo natë. Siluetat e kalimtarëve derdhen mbi asfalt si pëlhurë shiu, tymtarë mbi pullaze tymosin ajrin e lagësht të një nate dimri, neonet e çakorduara ndizen e fiken si pika yjesh të largët, dy kalimtarë të rastit përhumben në qetësinë që falin ëndrrat e mpiksura nga ftohtësia e një nate dimri, ëndrrat e një qyteti që kotet valiumesh të skaduara si pacient i pasiguruar për të nesërmen.	Sotto il rumore della vecchia roulette, Che sbatte contro i vetri Appannati di un bar di provincia, Si raccolse anche questa notte. Le scie dei passanti Versano sull'asfalto come tessuto di pioggia, Camini sopra i tetti fumano L'arie umida di una notte d'inverno, I neon distonici si accendono e si spengono Come gocce di stelle lontane, Due passanti casuali Si perdono nella tranquillita' Che regalano i sogni coagulati Dal freddo di una notte d'inverno, I sogni di una citta' che si addormenta dai sonniferi di una squadra Come pazienti non assicurati Per il domani.

Jazzi i yjeve	**Il *Jazz* di stelle**
Një orë rëre ndau kohën me tinguj të përgjumur *jazzi* në mesnatën pa lamtumira.	Una clessidra separo' il tempo Con suoni di *Jazz* nella mezzanotte senza addii.
Një orë dixhitale ndau largësitë me ftohtësinë e një pianoje të akullt, akrepat ngecën në muze kujtesash si orët e Dalisë përkulur nga pesha e largësive.	Un orogolio digitale separo' le distanze Nella freddezza di un pianoforte gelido, Le lancette inciamparono nelle muse del ricordo Come le ore di Dali piegate dal peso delle distanze
Ciceronët nuk më shpjegojnë kuptimin e kohës e të largësive, thonë: "Nuk jemi në muze fizike", poetet më flasin për lule, hënë, yje.	I Ciceroni non mi spiegano Il senso del tempo e delle distanze, Dicono: "non siamo muse fisiche", I poeti mi parlano per fiori, luna e stelle.
Në mesnatën pa lamtumira unë kundroj universin nën tingujt e një *jazzi*, pa ciceron, pa poet.	Nella mezzanotte senza addii Io ammiro l'universo sotto i suoni di un *Jazz,* Senza cicerone, senza poeta.
Jerusalemi i ri	**La nuova Gerusalemme**
Me besime të thyera nga pesha e muzgut, si ciflat e një filxhani antik, rendëm drejt natës shembarake pa harta, pa udhërrëfyes, rënie e lirë në hone danteske, kaluam në procesione mohimi, derisa krahët e agut na ringritën në murin e lotëve. Dikush tha: "Jerusalemi i ri, vendi ku bashkohen ciflat e filxhanit antik."	Con credenze infrante dal peso del tramonto Come schegge di una tazza d'antiquariato, Cammino verso la notte sprofondata Senza mappe Senza indicazioni, In caduta libera in cerchi danteschi, Passammo la processione della negazione, Finche' le braccia dell'alba ci rialzarono sul muro del pianto. Qualcuno disse: "La nuova Gerusalemme, Il luogo dove si congiungono le schegge della tazza d'antiquariato."

Falua, Zoti im!	**dona loro, mio Dio**
Murgj të bardhë ngujuar në manastire prej qelqi, luten për hënën e argjendtë, luten për yje vetmitarë, internuar diku periferive të Rrugës së Qumështit, luten për dashuri të pamundura, që presin bekimin e hënës së argjendtë.	Monaci bianchi reclusi In monasteri di vetro Pregano per la luna argentata, Pregano per le stelle solitarie Internate da qualche parte nelle periferie Della Via Lattea Pregano per gli amori impossibili Che attendono la benedizione della luna argentata
Fëmijë që luajnë me *play-station*, luten për lëndina luledelesh. Kohë manastiresh të qelqta, kohë fëmijësh pa luledele, kohë altarësh ku prehen dashuri të pamundura!	I bambini giocano con la *play – station*, Pregano su praterie di margherite. Tempi di monasteri di vetri Tempi di bambini senza margherite, Tempi di altari dove riposano amori impossibili!
Falua, Zoti im, lëndinat me luledele, për fëmijë që luajnë me *play-station!*	Dona loro, mio Dio, le praterie di margherite, Per i bambini che giocano con la play - station
Epifania	**Epifania**
Ndriçojnë tre yje, epifania e universit më shfaq udhën për tek ti.	Brillano tre stelle, Epifania dell'universo Mi apparse nella strada che porta a te.
Fund viti	**Fine anno**
Dita zhubroset si gazetë e lexuar me një frymë mbi skrivaninë e universit, nëpër baret e periferive dëgjohen biseda ekzistenciale për zhdukjen e babagjyshit, taksën e gazit, qeleshet filarmonike, për kumtet e reformave prej kartoni,	Il giorno si stropiccia come un giornale, Letto ad un fiato Sulla scrivania dell'universo, Nei bar delle periferie Si sentono discorsi esistenziali Per la sparizione di Babbo Natale, Tassa del gaz, i berretti filarmonici, Senza omelie delle riforme di cartone,

për shqiptarin e ri më të famshëm zbuluar në Planetin X, të galaksisë 2-XXL. E gjithë bota parakalon mbi duhmat e alkoolit dhe avujt e çajit, mbi vazo një lule e sapoçelur lufton për mbijetesë.	Per l'albanese nuovo e famoso Scoperto nel pianeta X, della galassia 2 – XXL. Tutto il mondo sfila nelle vampate d'alcool ed i vapori del te' Su vazi di fiori appena germogliati Combatte per la sopravvivenza.
Pulsim	**Pulsazione**
Nata i mbulon yjet me tisin e një heshtjeje kozmike, në çdo atom pulsojnë xixëllonja amshimi.	La notte copre le stelle Con telo di un silenzio cosmico In ogni atomo pulsano le lucciole dell'eterno
Nëse	**Se**
Nëse universi do të kish një qendër, do rendja drejt saj, më këmbë, me biçikletë, me metro, me tramvaj, me gomone, me skaf, me balonë, me harpë kozmike. Do rendja me kuriozitetin e një emigranti koreanoverior që sapo ka mbërritur në NYC dhe turret të kundroj vezullimin e dritave në *Times Square*. Do rendja s'i një Uliks lundërthyer, duke ndjekur trajektoret e yjeve Itakë pas Itake.	Se l'universo avesse Un centro Correrei verso d'esso, A piedi In bici Con la metro Con i tram, Con il gommone, Con lo scaffo Con l'aquilone Con l'arpa cosmica. Correrei Con la curiosita' Di un emigrante Della Corea del Nord Appena giunto a NYC E versa ad ammirare lo scintillio Delle luci di *Times Square*. Correrei Come un Ulisse naufragato, Seguendo le traiettorie delle stelle Itaca dopo Itaca.

Një rreze dielli	**Un raggio di luce**
Tejpërtej një rrezeje dielli përshkova një varg, në pritje për t'u bërë poezi hojëzave të qiellit.	Al di la' di un raggio di sole, Permeo un verso In attesa che diventi poesia nei favi del cielo.
Memo për shefin	**Nota per il capo**
Mbi një biletë urbani me kode 7102 filloj të shkruaj një poezi: "Juga e ngrohtë mban pezull shpupuritje ëndrrash dimërake, balona fëmijësh sfidojnë forcat e gravitetit ekzistencial..." Fatorinoja bërtet: "Të bëhet gati Bërryli!" E humb fillin, filloj nga e para: "E tashmja është një teatër absurd me personazhe të parafabrikuara nga stoqe baladash urbane..." Fatorinoja bërtet: "Kemi abone të përgjithshme!" Shkurt 2017, hap PC-në dhe filloj të shkruaj një memo për Migjenin, Lënda: "Ah, si nuk kam një grusht të fortë t'i bij mu në zemër malit që s'bëzan!"	Su un biglietto di bus col codice 7102 Comincio a scrivere una poesia. L'ostro caldo tiene sospeso Sogni invernali increspati, Aquiloni di bambini sfidano La forca gravitazionale esistenziale..." Il fattorino urla: "Si preparino a scendere!" Perdo il filo, comincio da capo: "L'oggi e un teatro assurdo Con personaggi prefabbricati Dai cumuli di leggende urbane..." Il fattorni urla "Chi vuole abbonamenti su tutte le linee!" Febbraio 2017, apro il PC e comincio a scrivere una nota per Migjeni Tema: "Magari avessi un pugno forte per colpire giusto nel cuore la montagna che non parla!"
Rrjedhë lumi	**Flusso del fiume**
E gjithë ekzistenca është një rrjedhë lumi, që derdhet mbi shtratin e një nate mistike, është një radio klasike që transmeton muzikë jazz, është një premierë që shfaqet	Tutta l'esistenza E' come un flusso del fiume Che versa sul letto Di una notte mistica, E' una radio classica Che trasmette musica Jazz, E' una prima serata di uno spettacolo

në një kinema periferie, është një akord cigan, është zanafilla e një pike.	In un cinema di periferia, E' un accordo zingaresco E' la genesi Di un punto.
Shirat e vdekur	**Le piogge morte**
Shirat e vdekura u ringjallën pa bujë, qiej të rrudhur si duar të lagura fëmijësh u përthyen nga gjeometria antike e patave të egra. Z-të dhe V-të e pazëshme pagëzuan shirat e ringjallura.	Le pioggie morte Rinacquero senza rumori, Cieli rugati Come mani bagnate di bambini Si infransero da geometrie Antiche delle anatre selvatiche Le Z e le V silenziose Battezzarono le piogge rinate
Proces	**Processo**
Edhe fjalët na u ndalën, si procesi i fundit i një lavatriçeje kursimtare A+++, për t'i ndehur ndër tela violinash. Kushedi, mbase teren deri pranverën tjetër, pa qenë nevoja t'i shtrydhim në centrifugë të kromuar me lamtumira.	Anche le parole si fermarono Come l'ultimo processo Di una lavatrice rispiarmiatrice A+++, Per appenderle su corde di violini. Chissa', forse si asciugano fino alla prossima primavera Senza aver bisogno di strizzarli Nella centrifuga cromata di addii
Ekologji urbane	**Ecologia urbana**
Sot pashë një elefant me këpucë konverse në një qytet eukaliptesh, një gjuetar me zhgun antilope në stacionin e fundit të një maketi metroje, një biçiklist me "Hamer" në një ditë pa makina. Në fund shkrova një shkresë burokratike. Titulli: "Antipoezi urbane!"	**Oggi ho visto** un elefante con scarpe converse in una citta' di eucalipti, un cacciatore con pelliccia d'antilope nell'ultima stazione di una metro in miniatura, un ciclista con il "Hummer" in un giorno senza macchine. Alla fine scrissi un lettera burocratica: Tema: "Antipoesia urbana"

Dekantim	Decantazione
Përhumbet lundërthyer ky muzg blu kobalt, miliona yje dekantojnë liqeneve të syve të tu.	Si disperde naufragato Questo tramonto blu cobalto Milioni di stelle decantano Nei laghi dei tuoi occhi
Ana e errët e hënës	**La parte scura della luna**
Ana e errët e hënës, mbrojtur nga shqyti i natës, nuk ka shkrepur kurrë blice drite mbi panteon, kur hyjnitë lindnin nga tingujt e harpave dhe mjegulloheshin bashkë me fatet e njerëzve. E pashkelur nga hapi i zakonshëm i Armstrongut, as nga hapi gjigant i njerëzimit mbuluar me një enigmë kiç, fshihet pas gjysmës së saj të argjendtë, përhumbet në pafundësinë e një kohe të nemitur.	La parte scura della luna Difesa dallo scudo della notte Non ha mai scattato i flash di luce su un panteon, Dove gli dei nascono dai suoni delle arpe E si annebbiano insieme ai destini degli uomini. Incalpestato dal passo normale di Armstrong, E nemmeno dal passo gigante dell'umanita' Coperto da un mistero kitsch, Si nasconde dietro la sua meta' argentata Si disperde nell'infinito de un tempo sconvolto
Përhumbje	**Sperduto**
Humbas në heshtjen tënde si një fëmijë kureshtar në pafundësinë e një qielli me yje.	Mi perdo nel tuo silenzio Come un bambino incuriosito Nell'infinito Di un cielo di stelle.
Probabilitet	**Probabilita'**
Probabilitet janë kartat e identitetit që fati na i ka dhënë pa aplikime, pa mik, si nën dorë, pa radhë. Janë imazhe efemere resh, që humbasin në figura asimetrike banorësh	Probabilita' sono le carte di identita' Che il destino ci ha dato senza applicare, Senza raccomandazioni, come sotto mano,. Sono immagini efimere di nubi, Che si perdono in figure assimetriche Di abitanti

të kështjellave mesjetare, mbuluar me mjegulla harresash, konsumatorë qendrash tregtare mbuluar me smog urban. **Probabilitet[et]** nuk njohin zero absolute, nëse një ngjarje ndodh qoftë dhe një herë në miliona vjet, ajo do të vazhdojë të ndodhë pafundësisht, si trajtat e imazheve tona shndërruar në shpirtra resh, që mund të takohen pafundësisht mbi qiej të purpurt.	Dei castelli medievali, Coperti da nebbie smemorate, Consumatori Di centri commerciali coperti di smog urbano. Le probabilita' non conoscono zeri assoluti, Se un evento accade anche una volta in milioni di anni, Quella continuera' ad accadere infinitamente, In forme delle nostre mmagini trasformate in spiriti nuvolosi Che possono incontrarsi infinitamente in cieli di porpora
Jam në besë Sa herë iki nga ti, mjegullat e legjendave më dalin në pritë, pasi më vrasin butë, u kërkoj besë dhe ato më përcjellin prapë tek ti.	**Confido in te** Ogni volta che vengo da te Le nebbie delle leggende Me tendono agguato Poi mi uccidono lentamente, Cerco di confidare in loro E loro mi rimandano da te.
Anatomi Dy frymë që tendosin indet e ajrit mes tyre dhe çlirojnë muskujt e mpirë të pritjes, dy buzë të gjakuara që zhveshin lëkurën e natës mbi trupa të ngrohtë,	**Anatomia** Due respiri Che tendono Il tessuro dell'aria Tra di loro E liberano I muscoli intripiditi Dell'attesa, Due labbra Sanguinose Che spogliono La pelle della notte Su corpi caldi, Milioni di cellule

miliona qeliza	Che nascono
që lindin	E muoiono
e vdesin	Sull'orlo del plasma
zgrip plazmave	Dei baci sono solo
të buzëve	L'anatomia
janë veç	Di un bacio
anatomia e një puthjeje.	
Pafundësi	**Infinito**
Të dëgjoj	Ti ascolto
mes miliona heshtjesh,	Tra milioni di silenzi
në pampat kozmike,	Sui pampa cosmici
ku koha rrjedh përtueshëm	Dove il tempo scorre pigramente
si udhëtare e vetme	Come viaggiatori solitari
e një karavani drite.	Di una carovana di luce.
Të shoh	Ti vedo
mes miliona sysh,	Tra milioni di stelle,
aty ku universi përndritet	La' dove l'universo si illumina
nga vezullime yjesh	Dallo scintillio delle stelle
dhe hënëzash cigane.	E di lune nomadi.
Të kam lexuar mes miliona atomesh	Ti ho letto tra milioni di atomi
të një antologjie kozmike	Di un'antologia cosmica
pa të drejtë autori.	Senza diritto d'autore.